Brave Gedichte – Böse Gedichte

AF287629

Meinen Eltern

Über die Autorin:

Dr. Julika Helmreich, geboren 1961 in Nürnberg, arbeitet als Fachärztin für Neurologie und Psychiatrie. Seit ihrem 14. Lebensjahr ist sie literarisch tätig. Literarische Beiträge, vor allem Lyrik, erschienen in zahlreichen Anthologien. Daneben liegen die beiden Jugendbuchromane »Die fünfte Dimension und die magischen Fälscher« und »Die fünfte Dimension und das verschwundene Wissen« vor.
Der vorliegende, kleine Lyrikband zeigt eine Auswahl von Gedichten, Zeichnungen und Fotografien der Autorin.

Julika Helmreich

Brave Gedichte – Böse Gedichte

Eine Auswahl von Lyrik und Bildern

Bibliografische Information der Deutschen Nationalbibliothek:
Die Deutsche Nationalbibliothek verzeichnet diese Publikation in der Deutschen
Nationalbibliografie;
detaillierte bibliografische Daten sind im Internet über
http://dnb.d-nb.de abrufbar.

© 2010 Julika Helmreich
Satz, Umschlaggestaltung, Herstellung und Verlag:
Books on Demand GmbH, Norderstedt
ISBN: 978-3-8391-7440-1

Inhalt

Ich war's

Ach, wie gut, dass niemand weiß,
dass ich Rumpelstilzchen heiß.
Habe grad den Knopf gedrückt,
der die Welt zu Staub zerpflückt.
Tut mir leid – ich mach's nicht mehr.
Nun muss halt ein Schöpfer her.

Herbstzeit

Morgennebel
Steigen vom Wiesengrund
Und heißen das Ende des Sommers
Noch sind die Alleen belaubt
Doch welke Blätter fallen
Die Zeit läuft niemals zurück

Seelen

Dunkle Seen
Sind Seelen
Wie die deine
Die man
Nicht erforscht
Die keinen Anfang
Und kein Ende haben
Die lichtlos scheinen
Und voll Flammen sind

Herbststurm

Der wilde Herbstwind
Jagt am Blau des Himmels
Die satten Wolken vor sich her
Er reißt das morsche Blattwerk
Von den Ästen
Die in Wirbeln peitschen

Und gelbe Blätter fliegen schwarmgleich
Durch das klare Licht –
Auffunkelnd
Indes der wilde Wein entlaubt ist
Und letzte Astern leuchten

Universum

Mal ganz ehrlich:
Wer braucht's?
Es hat keiner danach verlangt –
Aber wir haben den Ärger damit

Sicher –
Es ist ganz hübsch
Und was fürs Auge
Aber dennoch:
Keiner weiß
Was es soll

Ziel

Ich stelle fest
Dass ich das Ziel
Nicht erreicht habe
Aber das war nicht schwer
Ich wusste nicht
Was das Ziel ist

Der Schlaf

Der letzte Schlaf
Ist für die Ewigkeit –
Und ist für alle gleich

Zerfall
Verlöschen der Zeitlinie
In immer gleichem Staub

Streicheleien

Meine Zeigefingerspitze
Auf deinen Lippen
Zieht die Konturen nach
Gleitet über die Wange
Und spielt in seidenen Wimpern
Die sich im Lidschlag regen
Und dein Blick
Ist in meinem

Herbstanfang

Es ruht der Tag
Die Blätter fallen
Ein Spinnenfaden
Schwebt durchs späte Licht
Und schimmert golden
In der satten Luft

Am Horizont flirrt noch
Ein Hauch von Sommer
Indes die Felder kahl geschoren sind
Den ersten Stürmen harrend

Äquinoktium

Der Morgen ist noch schwarz
Es dunkelt bald der Abend
Die Sonne glüht des Tags
Mit halber Kraft
Und Blätter fallen

Die letzten Früchte sind bereit
Die Morgennebel warten
Der Tag ist gleich der Nacht

Morgengewitter

Regen strömt wie Perlen
Trifft Schlag um Schlag
Auf schwarzen Marmor
Letzter Grabgesteine

Das Drohen zweier Eichen
Bricht ein Blitz
Der in die Erde zuckt

Der Marmor birst

Und spaltet sich –
Requiescat in pace

Trauerland

Und dunkle Stille!
Eine Kreuzspinne im Netz
Spürt leises Zittern der Fadenlinie
Das Opfer ist noch unruhig

Und wilde Leere!
Die Farben aller Regenpfützen
Verblassen
Die lauernde Ruhe
Der Spinne im Netz

Wünsche

Man kann so tun als ob –
Aber niemand hat einen Wunsch frei
Alles hat einen Haken
Die guten Feen haben ihren Job
Längst hingeschmissen
Burn-out-Syndrom

Man kriegt nichts umsonst
Nicht mal den First-Class-Tod
Den man sich wünscht

Jeder denkt
Er hätte alles im Griff
Und plötzlich
Enden seine Dimensionen
Ersatzlos

Noch mal Universum

Am Anfang war das Nichts
Das Dunkel ohne Zeit und Raum
Unbemerkt
Nicht beachtet
Uninteressant

Es war ja keiner da
Der etwas vermisst hätte

Nun ist die Sache aktenkundig
Weil es ein Quantenproblem gab –
Die Dunkelheit hat ausgedient

Sehnsucht

Sehnsucht schmerzt
Wenn sie endlos bleibt
Die Zeit fließt stumm
In dunklen Träumen
In den langen Nächten
Ist es still

18

Septembernachmittag

Golden schimmernd flirrt das Licht
Des späten Sommertages
Durch Laub – noch grün –
Und volle Rosenblüten

Und spielt in filigranen Spinngeweben
Die verlassen sind
Derweil ein Seidenglanz
Sich auf die Felder legt –
Noch lebt der Tag

Sommertag

Ein Hauch des Windes
Der die Ähren streift
Und sich am Horizont verliert
Wo sonnenschwer der Himmel hängt

Und der die wilden Blumen sanft liebkost
Im Waldgeäst und Moos dann ruht

Wartezeit

Lange war ich still
Hab meiner Leere gelauscht
Hieß alle Bilder stehen bleiben

Vernahm nur den Wind
Der an mir rüttelte
Und mich brechen wollte

Vielleicht erwache ich
Oder verharre noch übers Jahr –
Und lass die Zeit
An mir vorüberziehen

Das Zimmer

Golden fließt das Licht
Durch alte Spitze in den Raum
Und gleitet zärtlich
Über fast gesprungnen Marmor
Und hängt im dichten Grün
Des Efeus

Matt schimmert schwarzes Holz
Und gleißt ein Spiegel
Davor die staubbedeckten Trockenrosen
Daneben streift ein Strahl
Den rosa Harlekin

Im April 2007

Steigst du die Ziegel hinauf
Auf das steile Dach
Mit bloßen Füßen
Die Glut lodert unter dir
Und der Himmel ist so blau

Ach
Und das Laub
Ist in vollendeter Pracht
Die Sommerblüten
Schwellen des Tags
Und der Wind
Trägt süßen Duft

Derweil die Angst umgeht

Die Nacht
(Tribute to Metallica)

In der Nacht
Da schleichen Ängste
Um dein Bett
Und Schatten lauern
In den Ecken

Hast du dein Gebet vergessen?

Die Monster der Hölle
Sind losgelassen
Die Nacht ist lang –
Schau nicht unters Bett

Winterabend

Es dunkelt früh
Die Nacht bricht an
Und Schatten kriechen
Übers Eis
Der See ist still
Und lauert
Wartet
Reglos

Nachtmond

Es schleicht der fahle Mond
Sich durch die Nacht
Und streift mit kaltem Strahl
Den Schläfer
Dessen Traum voll Grauen ist

Und auch der Schrei
Des Nachtvogels
Bleibt ungehört
Und bricht im Silberlicht
Des Mondes am Horizont

Plötzlich

So jung
Ein Unfall
Fremdverschuldet
Die Kinder noch so klein

Hirntod steht fest
Alle warten stumm
Macht einer die Maschinen aus?

Nebel im Winter

Und wieder schweben spät am Tage
Die zarten Nebelschleier
Aus den Schneekristallen
Wenn die Nacht anbricht

Ein letzter Hauch von Dämmerlicht
Bricht sich im Filigran der Winteräste
An die das Eis sich schmiegt
Erstarrt in Raum und Zeit

Winterende

Ich hoffe nur
Dass es nicht wieder schneit
Ich bin so müde
Vom langen Winter
Ich habe mich sattgesehen
An schwarzen leeren Bäumen
An weißem blendendem Schnee

Ich weiß von Katzen
Die mürrisch hinausstarrten
Und nichts zu tun wussten –
Aus Mangel
An schneelosen Wiesen

Wintergedanken

Gefühl eines Sommers mit goldenem Licht
Laue Winde streicheln träge Glieder
Flirrendes Glitzern von Birkenblättern
Ein Duft wilder Blumen dringt in das Herz
Unendlich dehnt sich der Horizont
Gefühl eines Sommers mit sanftem Glück

Geliebter

Die lauen Nächte sind vorbei
Der wilde Wind streift durch mein Haar
Nachtschwarze Wolken in der Finsternis
Erahnen deinen Blick

Du atmest stumm
Ich bin bei dir
Bist du bei mir?

Du

Erfüll mich
Deine Lippen
Sind wie Seide
Auf meiner Haut
Deine Augen
Dunkel wie Seen
Ich habe gewartet

Ich kehre wieder

Verzeihst du mir
Noch einmal?
Ich habe wieder fremd geträumt –
Und nicht von dir

Er war vielleicht
Ein wenig lächelnder als du
Doch seine Augen
Waren nicht so unnahbar
Wie deine

Pflegeheim

Dies ist der letzte Ort
An dem du lebst
Gerade eben so
Du bist verbraucht
Und störst

Hier schreien dauernd welche
Vielleicht die ganze Nacht
Und jammern
Und rufen Sohn und Tochter
Die nicht da sind

Dein Essen ist nicht deins
Wenn du nicht aufpasst
Und wenn du sabberst
Wischen sie dir den Mund
Mit einem Einmal-Latz

Und wenn du stürzt
Kommst du nicht mehr alleine hoch
An diesem Ort
Gibt's nur den einen Ausgang
Und du bist tot!

Demenz

Arme kleine Wesen
Kinderaugen
Alte Körper
Die nicht
Zum Kosen taugen

Die Zeit läuft rückwärts
Schicht um Schicht fällt
Bis zum letzten Funken
Der verlischt

Schwarze Löcher

Es gibt eine Schwärze
Die ist tiefer als schwarz
Jenseits des Ereignishorizonts
Zerbricht die Welt

Ich weiß nicht
Wie das so ist
Aber vielleicht sind wir schon
Kurz vor dem Ereignishorizont –
Bloß sagt man es uns nicht

Wegen der Steuern
Die sonst keiner mehr zahlt
Und die man zum Stopfen
Schwarzer Löcher braucht

Herbst

Der Regen macht
Den Horizont grau
Und stiehlt das Gold
Des Herbstlaubs
Verfall
Zerfall und matte Schwere
Regennass

Ach ja –
Da war doch eine Kleinigkeit:
Die Erdachse
Ist zur Ekliptik geneigt –
Und deshalb welkt das Laub

Herbstnacht

Das Raunen in den Bäumen
Bricht das tiefe Schwarz der Nacht
Wie bleiche Geister
Kriechen fahle Nebel übers Feld
Und bringen Tod
Der letzten Sommerblüte
Ein kühler Nachtwind
Wird zum steten Eishauch
Und der Morgen ist noch fern

Zeitfluss

Die Jahre vergehen
Es raunt der stete Fluss der Zeit
Schon fallen die Blüten
Und gleich das goldene Laub

Derjenige
Der wartet
Ist verloren im zögernden Hoffen
In den Nebeln
Unerlebter Sehnsüchte

Wenn der Eishauch
Des Todes
Seine Zeit anhält

Januar

Regentränen
An den grauen Fenstern
Der Sturm
Schleicht drohend
Um das Haus
Nagt an Dächern
Und am einsam kahlen Baum

Regen saugt
Das letzte Grün auf
Von den fahlen Wiesen
Zitternd brechen
Morsche Zweige
In den Wäldern

Schottisches Hochland

Auf den Höhen
In den Tälern
Ruht mein Schweigen

Verhallt mein Seufzen
Vom sanften Herbstwind
Fortgetragen

In zerfallenden Ruinen
Über glitzerndem See
Wanderte ich zeitlos

Sommer

Gerade jetzt –
Das Zirpen der Grillen
In der Nacht

Am Morgen ein
Duft von sonnenwarmem Gras
Der laue Wind
Streicht übers Feld

Altweibersommer

Lau der sanfte Windatem
Nach stetigem Regen

Wir ahnen
Das Streicheln von Spinnenfäden voraus
Das Glitzern von Morgentau

Satte Schwere regenfeuchter Blätter
Von Purpur und Gold
Dunkle träge Erde
Hinströmen der Zeit

Ein früher Sommerabend

Grünschattiges Dickicht
Zärtlich flirrt das Sonnengold
Im Blattgewirr
Streichelt sehnsuchtsvolle Lippen
Lässt die Lider träge werden

Tief zum Boden hängen
Dicht begrünte Birkenzweige
Zarte Moose unter nackten Füßen
Samtgesättigt

Ein leises stetes Rauschen
Wenn ein Wind aufkommt
Dann Glitzern in den Birkenwipfeln

Die jungen Früchte
An den Walnussbäumen
Heißen reiche Ernte

Der Atem ist verführt
Vom Duft
Der wilden Blumen allenorts

Dritter Frühlingstag

Jemand
Der Gitarre spielt
Und noch danebengreift
Sonst schon recht annehmbar
Und das optimistische Gezwitscher
Der Frühlingsvögel
Es ist offiziell –
Vielleicht etwas verfrüht
Aber es heißt
Der Frühling sei da

Nebel

Jene Nebel
Die mich fürchten machen
Kehren wieder
Und wieder in der Nacht

Wo sind die Wege hin
An die ich mich gebunden fühlte
Mein Nebelatem
Trifft auf eisigen Frost

Tod

Ich wartete mit dir
Schweigen
Vernahm deinen zögernden Atem

Der Morgen brach an
Ein Sonnenstrahl
Nahm dich mit fort

41

Der Tod

Wer meint
Der Tod sei sanft
Der ist ein Träumer
Ein Hoffender
Ohne Ziel!

Der Tod ist ein Versprechen
Des ewigen Nichts!

Guter Rat

Sieh zu
Dass du manierlich alterst
Nicht fett und wabbelig wirst
Sonst mag dich keiner pflegen

Und erzähl nur nicht von früher
Das will keiner wissen
Und sorg rechtzeitig dafür
Dass deine Kasse stimmt

Zahl gut
Dann ist man dir gewogen

Dunkle Gedanken

In der Nacht
Sind dunkle Gedanken
Wie schwarze Löcher
Aus denen man
Nicht entkommt

Und Ängste schleichen
Wie lichtscheues Gesindel
In finsteren Ecken herum
Und fallen jene an
Die längst erstarrt sind

Manchmal Leere

Das muss das Wetter sein
Dass ich so leer bin
Der Himmel ist bleiern
Und jeder sagt
Da kann gar nichts gehen

Ein Funke entsteht nicht
Aus dem Nichts
Das Wetter ist schuld
Das sagt jeder

Gott

Gott ist nicht da
War nie da
Wird nie sein

Der Schöpfer
Hat die Schöpfung verpasst
Die hat ihn nicht gebraucht
Und kriegt sich auch
Alleine wieder tot

Zynismus

Das Problem ist
Dass du im Spiel bleiben willst
Nicht vermodern und verrotten
Vor der Zeit

Wann ist die Zeit?

Sie wird dir nie
Genehm sein
Anderen vielleicht schon

Wintersturm

Sturm über den Schneewiesen
Und Eiskristalle bersten im Wind
Bizarre Wolken eilen an den Horizonten

Und an den Küsten
Tobt das Meer

Ein Rauschen in den Eichen
Und auch die Birken
Neigen sich voll Anmut

Doch selbst der Sturm
Bricht sie nicht

Sommersonnenwende

Abendschatten kriechen lange
Schon voran
Und rauben Gold um Gold
Das sanft die Wiesen übergießt

Die Sonne sinkt

Und sinkt doch nicht
Die Feuer lodern in der Nacht
Die Zeit ist halb durchschritten

Früher Herbst

Kalt ist der Abend
Schon brennen die ersten Feuer
Auf den Feldern
Der wilde Wein
Färbt rot sein Blattgewirr

Und Fäden junger Spinnen
Steigen sanft empor
Leis zittern schwarze Silhouetten
Der Tannen
Vor sattem Purpurhimmel

Das Wort

Heißt es Liebe
Jenes Wort
Das deine Lippen formen wollen?

Was zögerst du dann?

Du hältst meine Hand
Reglos
Die Kälte unsrer Finger

Sprich es aus!
Das Wort
Heißt Abschied

Wortlos

Was hieß dein Schweigen
Als du fortgingst
Du nahmst
So viele Fragen mit dir
Da waren sanfte Lichterfäden
Die dir Ketten schienen
Du hast geschwiegen
Als du gingst

Der Tod

Ein letzter Atemstoß verhaucht
Die Augen leeren sich
Und stumpfen ab
Bleich ist die Hand
Die sich in deiner löst

Die Zeit steht still
Nur einen Atem lang
Dann stehst du auf
Und bist allein

Business as usual

Spiel dein Spiel
Reiß andere mit
Täusch an und schlag Haken
Wenn du foulst
Tu's unbemerkt

Lass deine Leichen
Gut verschwinden
Und halte dich bedeckt
Und eines vor allem:
Du hast von nichts gewusst!

Hölle
(Tribute to Judas Priest)

Alles bestens!
Nein
Gelogen!
Die Welt zerfällt
Zuerst die meine
Dann die deine
Bis die Hölle brennt

Judas hat einen Fehler gemacht!

Die Knochen bersten
In der Glut
Sei auf der Hut

Dark Wizard

I am the Dark Wizard
with death in my eye
I've no emotion in my heart
but sadness when I lie

Patienten

Alte Frauen
Zerknüllte Tempotücher
In der Faust
Saugen immerzu an Bonbons
Wie Kleinkinder
An ihren Schnullern

Wer sich nicht bücken kann
Hat immer Schnürschuhe an
Mit doppelten Knoten
Über die Füße schweigen wir besser

Fallende Gebisse
Sind ein Gräuel
Und gibt es Hörgeräte
Die funktionieren?

Aber gelernt ist gelernt:
Keep your pokerface!

Borderline

Jetzt heißen sie Emos
Die Ritzerinnen
Sie tragen schwer
An sich selbst

Trauerumflort
Schnitt an Schnitt
Borderliner hat man sie
Früher noch genannt

Schmerz löst Spannung
Vielleicht würde es
Eine kalte Dusche auch tun

Excalibur

Tiefer See
Sanftes Brüten einer stillen Sonne
Eingegossen in den Fels –
Das Schwert
Excalibur

Im Dämmergrün
Dein lautloser Schritt
Dein Griff umfasst
Excalibur

Atemlosigkeit
Der Waldgeister
Der Fels gibt frei
Was dein ist
Excalibur

Lady of the lake

Schweigende Göttin des Lichts
Mach golden mir den See
Nimm fort die Trauer
Unsrer schwarzen Marmorburg

Du hältst verborgen dich
Am Stamm des toten Baumes
Dein sanftes Haar
Im Astwerk hingeschmiegt
Greifst auf den Widerschein
Excaliburs
Triffst dich ins Herz

Nachtgedanken

Schwarzsamtenes Dunkel
Die Nachtnebel blenden das Licht
Der Laternen ab
In der Ferne die Leuchtsignale
Der Klinik
Die Luft klar und kalt
Ankündigung
Des willkommenen Herbstes
Meine Augen sehnsuchtsvoll
Wenn Mitternacht längst vorüber ist
Wenn die Tagesgeräusche verebbt sind

Morgengeflüster

Schenk mir noch einmal
Glut von deinen Lippen
Fächere ein letztes Mal
Dein Haar auf über mir
Am Horizont steigt schon
Die Sonne empor
Lass mich den Morgenfunken
In deinen Augen sehen
Ehe du mich verlässt

Wir beide

Einsamkeit
Und der Wind
Der mein Haar teilt
Das Rauschen in den Blättern
Des alten Nussbaums

Schwermut
In deinen Augen
Und deine Lippen ernst
Wenn du neben mir gehst

Träume im Spätsommer

Ich habe Sehnsucht nach dir
Wintersonne
Dein mattes fahl verwaschenes Gesicht
Mich schmerzt die harte Sonnenglut
Die still gebeugten
Kaum noch atmenden Gebüsche

Ich träume wieder von den weichen Feldern
Dem Glitzern eines Sonnenbogens
In den Schneekristallen
Dem Beben
Wenn das Eis an Tiefe zugewinnt

Herbsttage

Leise zitternde Silberfäden
In allen Ästen
Weit schallendes Rufen
Des Leitvogels nach Süden zu
Solange der Tag noch mild ist
Atemloses Beben des Waldes
Wenn die Sonne versinkt

Grauer Morgen
Regen auf zerweichten Blättern
Abschiednehmen vom Jahr
Vorwintertage

Frühlingsnacht

Der süße Atem der Frühlingsnacht
Der Duft von Wildkirschenblüten im Wind
Regenfeucht schwere Erde vom Sturm
Ein Vollmond im ruhenden Horizont
Die Sinne dem Nachthimmel zugeneigt
Vergessen
Erträumt

Du

Du liebtest mich nie
Nahmst
Was ich dir gab
Und gab

Ich hatte mich verloren in dir
Und konnte dich
Dort nie fassen

Die Tage voll Unrast
Ließ ich hinter mir
Dein Anblick
Bleibt ohne Schmerz

Kristallene Zeiten

Der Schrei kristallisierte sich
Im Efeugerank des Himmels
Und ließ die Sonne zittern.
Die Sanduhr des Morgens
War abgelaufen.

Atlas überließ Herakles
Die Last des Firmaments,
Um den Kristallgeschmack
Von den Gebirgen zu lecken.
Mittagsleuchten.

Um den Schein des Kristalls
Krallten sich die Finger,
Um die Zukunft herauszupressen.
Der Brunnen des Abends
Ging zur Neige.

Für dich

Verletzlich
Bist du also doch
Du schienst
So in dir ruhend

Dein Hieb traf
Doch meiner auch

Mitternacht

Vom Sturm getrieben
Voll Unrast brennend
Peitschend durch die Nacht

Verlorene Träume ohne Ziel

In wilden Wirbeln
Mit jagenden Wolken
Suchend nach einem ruhenden Tal

Und Mitternacht
Ist kein Augenblick

Mitternacht ist ein Ort!

Patienten im Sprechzimmer

Sie lutschen und kauen
und sitzen dir gegenüber.
Zur Rachenuntersuchung
spucken sie ihre Kaugummis
oder Bonbons
in die Hand,
und dann tun sie sie
wieder rein.
Unerhört!

Dazwischen klingelt das Handy
mit abartigem Klingelton,
und die gehen auch noch ran.
Du sitzt schweigend da,
obwohl die Zeit drängt.

Dann wird gejammert,
was das Zeug hält.
Das goldene Wort ist:
Arbeitsunfähigkeitsbescheinigung.
Der Rest ist denen egal.
Hauptsache,
es sind vierzehn Tage.

Sucht

Das war das allerletzte Mal,
das kommt nie wieder vor.
Versprochen!

Du hast dich wie immer
bis auf die Knochen blamiert,
hast den Leuten
vor die Füße gekotzt.

Hey – der letzte Schnaps
muss schlecht gewesen sein.

Das Zittern.
Der Schweiß.
Die Angst.

Du bist ein gefangenes Tier,
kein Stoff mehr da.
Du holst dir Nachschub
an der Tanke.

Ein paar Schlucke –
und alles ist easy!

Der Spieler

Der Tod
Ist ein Spieler
Der nie verliert

Spiel nicht mit ihm!
Du entkommst ihm nicht!

Sein lichtloser Blick
Reflektiert das Nichts –

Das Nichts der Unendlichkeit
Eingefangen im Eis
Eines sterbenden Augenblicks –
Dein Spiel ist aus!

Diese Nacht

Die Nacht
Die dunkelt
Ist mir so lang

Verhüllt vom Wachen
Zwischen wirren Träumen
Unruhiger Angst

Die Stille
Voller Geister
Lang vergangener Versäumnisse